# MARAVILHAS de BRASÍLIA
*a capital dos brasileiros*

Proibida a reprodução total ou parcial em qualquer mídia
sem a autorização escrita da editora.
Os infratores estão sujeitos às penas da lei.

A Editora não é responsável pelo conteúdo deste livro.
A Autora conhece os fatos narrados, pelos quais é responsável,
assim como se responsabiliza pelos juízos emitidos.

Consulte nosso catálogo completo e últimos lançamentos em **www.editoracontexto.com.br**.

# MARAVILHAS de BRASÍLIA
*a capital dos brasileiros*

## DAD SQUARISI

editora contexto

Copyright © 2021 da Autora

Todos os direitos desta edição reservados à
Editora Contexto (Editora Pinsky Ltda.)

*Foto de capa*
Toninho Tavares/Agência Brasília (CC BY 2.0)

*Montagem de capa e diagramação*
Gustavo S. Vilas Boas

*Preparação de textos*
Lilian Aquino

*Revisão*
Mirelle Iano

Dados Internacionais de Catalogação na Publicação (CIP)

Squarisi, Dad
Maravilhas de Brasília : a capital dos brasileiros / Dad Squarisi. –
1. ed., 1ª reimpressão. – São Paulo: Contexto, 2024.
96 p. : il.

ISBN 978-65-5541-128-7

1. Brasília (DF) – História 2. Brasília (DF) – Geografia física
3. Brasília (DF) – Arquitetura I. Título

21-4609                                                    CDD 981.74

Angélica Ilacqua – Bibliotecária – CRB-8/7057

Índice para catálogo sistemático:
1. Brasília (DF) – História

2024

Editora Contexto
Diretor editorial: *Jaime Pinsky*

Rua Dr. José Elias, 520 – Alto da Lapa
05083-030 – São Paulo – SP
PABX: (11) 3832 5838
contato@editoracontexto.com.br
www.editoracontexto.com.br

*Para Ana Dubeux, Conceição Freitas,
Severino Francisco e Silvestre Gorgulho,
que amam Brasília como eu.*

Gustavo Leighton em Unsplash

# Sumário

O cerrado, *8*

As águas, *18*

O céu, *26*

Plano Piloto, *32*

Monumentos: do Lego ao concreto, *48*

Paisagismo e arte, *70*

O brasileiro brasiliense, *78*

A autora, *94*

*rrado*

*"Nem tudo que é torto
é errado.
Veja as pernas do Garrincha
e as árvores do cerrado."*

Nicolas Behr

O cerrado estava em festa. Ia receber novo morador. Não era um morador qualquer. Era a capital do Brasil. Por isso a escolha da casa merecia todo o cuidado. Geólogos e engenheiros fizeram estudos, cálculos e medições. Depois de viagens, visitas e debates, chegaram à conclusão de que o berço esplêndido seria do paralelo 15 ao paralelo 20.

Ops! O lugar era conhecido. Em 1883, Dom Bosco, santo italiano que fundou a Ordem dos Salesianos, teve um sonho. Enquanto dormia, viajou de trem na companhia de anjos. Passaram por muitos países até chegarem a um lugar alto e plano onde havia um lago. Uma voz lhe disse que ali era a terra prometida – rica e mágica. Lá chovia leite e corria mel das pedras.

O paraíso sonhado era um planalto de 5.800km² com 1.200m de altitude. Abrigava bichos e plantas muito particulares. Tinha fartura de água. A terra produzia cereais, frutas, verduras e legumes. No céu muito azul, o Sol explodia luz, a Lua ficava ao alcance da mão, as estrelas brilhavam como diamante.

# Bicharada

A notícia correu. A bicharada se alvoroçou. Papagaios, araras, tucanos, periquitos, corujas, emas, quero-queros, beija-flores, bem-te-vis bateram as asas, lavaram as penas e exibiram um show de cores, pios e gorjeios. Os urubus-reis, que são fedidos, tomaram um banho de perfume, alçaram voo e encheram o céu de elegância.

Capivaras saíram da água. As maiores cuidavam das menores. Secavam o pelo, limpavam os ouvidos e ajeitavam o bigode. O tamanduá-bandeira e o tatu-canastra, depois de se banquetearem com cupins e formigas, limparam as garras pra ficarem bem na foto. O veado-campeiro ajeitou os óculos e desfilou com os filhotes pintadinhos de branco como bâmbis.

Nilson Carvalho/Agência Brasília (CC BY 2.0)

14 / *Maravilhas de Brasília*

O lobo-guará era o mais excitado. Queria se destacar dos outros animais. Qualidades tinha de sobra. Bastava realçá-las. Como? Pediu ajuda ao macaco. O símio escovou o pelo avermelhado e pediu a quatro miquinhos que escovassem as patas compridas que pareciam pernas de pau. O lobo-guará ficou um luxo. Agradecido, convidou a macacada pra um banquete de bananas. Oba!

## Plantas

As plantas estavam preocupadas. Durante seis meses, o clima fica muito seco. A grama troca o verde pelo marrom. Parece que morre. Só parece, porque continua cheia de vida. Como dar alegria à cor queimada? Elas firmaram um pacto. O novo morador teria flores os 365 dias do ano. Sapucaias, jacarandás, flamboyants, quaresmeiras, sucupiras, resedás e patas-de-vaca se revezarão pra cumprir o acordo.

No auge da estiagem, quando a umidade do ar do planalto se confunde com a do deserto, os majestosos ipês florescem. Transformam folhas em flores. Primeiro, vêm as roxas. Depois, as amarelas. Por fim, as brancas. Eles têm muito zelo pelos coloridos encantos. Não permitem que as flores caiam na lama. Assim, quando param de florir, dão o aviso. A chuva vem aí.

As árvores sacudiram a folhagem, expulsaram as folhas desbotadas e mostraram seu charme. Elas têm o tronco torto. Sabe por quê? Porque são muito sabidas. Pra sobreviver no clima seco, crescem pra cima e pra baixo. As raízes vão lá no fundão da terra pra alcançar a água e os nutrientes que correm no subterrâneo. Assim, nunca sentem sede. E ficam sempre verdinhas.

Roberto Castro - MTUR (Domínio público)

As

*águas*

*"Água doce mata a sede,
Água doce é a que lava.
Cachoeira, rio ou fonte...
Só não pode ser salgada."*

Evelyn Heine

Tony Winston/Agência Brasília (CC BY 2.0)

As águas se movimentavam. Rios, lagoas e cachoeiras faziam planos para a recepção do novo morador. Sabiam da enorme responsabilidade que carregavam em ondas e quedas. Elas foram fator decisivo para a escolha do endereço do habitante que estava em vias de chegar.

Como fazer bonito no grande acontecimento? Algumas eram um espetáculo à parte. É o caso das Águas Emendadas. Dois córregos – Brejinho e Vereda Grande – que são irmãos gêmeos. Têm o mesmo pai e a mesma mãe. Vêm ao mundo da mesma nascente e do mesmo lençol freático.

Mas, na superfície, encontram terreno com duas inclinações. Cada um vai pro seu lado. As águas do Brejinho correm para o rio Paraná. As do Vereda Grande, para o rio Tocantins. Por isso, o fenômeno recebe o nome de berço das águas.

É o caso, também, de três rios. Eles formam grandes bacias hidrográficas. O rio Maranhão drena as águas para a bacia do Tocantins-Araguaia. O rio Preto faz parte do rio São Francisco. Os rios Bartolomeu e Descoberto, da bacia do rio Paraná.

Esse show aquático era presente da natureza. O planalto queria dar um presente próprio. Como? Pensa daqui, palpita dali, eureca! Oito rios se uniram: Paranoá, Acampamento, Bananal, Torto, Cabeça do Veado, Gama, Vicente Pires e Riacho Fundo. Separados eram pequenos. Juntos formaram o lago Paranoá.

Um grande espelho d'água abraçou o planalto de norte a sul. Ele era esperado. Estava presente no sonho de Dom Bosco e no relatório da Missão Cruls, de 1894. Com águas límpidas, tem 80km de perímetro e 38m de profundidade. A área ocupa 48km². Sabe o que é isso? É o tamanho de 7.500 campos de futebol.

Que presentão! A nova cidade recebeu o mimo antes de nascer. Ele emoldurou a terra prometida. Além de esbanjar beleza, formou praias, acolheu peixes e

forneceu energia com a construção da barragem do Paranoá. Generoso, ofereceu a superfície para esportes aquáticos.

Barcos, lanchas, jet-skis fazem a festa na casa própria. Remadores deslizam cedinho sobre o espelho que reflete o nascer do sol. Mergulhadores adoram visitar, no fundo, um povoado que foi expulso pelo avanço das águas. A Vila Amaury, com casas, móveis e carros, está ali. Parece testemunha do tempo que passou.

O lago virou manchete. Passou de boca em boca. O papagaio, que repete tudo o que ouve, contou a novidade pro jacaré. O bichão de boca grande se assanhou. Quis conhecer o tal lago que virou vedete do cerrado. Convidou dois amigos para acompanhá-lo na aventura. Eles entraram na água gostosa, nadaram e se apaixonaram. Estão lá até hoje.

Que tal cachoeiras e uma piscina de água mineral no coração da casa do habitante que chegava para ficar no centro-oeste do Brasil? A ideia excitou as águas. Borbulhas saltavam de todos os lados. Viva! O Parque Nacional deu passagem para o fato inédito. Nenhuma cidade no mundo tem luxo igual.

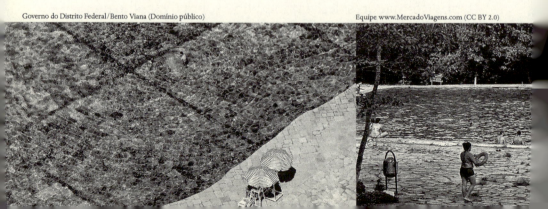

## MISSÃO CRULS

O sonho de Dom Bosco deixou de ser sonho. Saiu do mundo do devaneio e veio ao encontro de velha aspiração brasileira. Desde o período colonial, circulava a ideia de transferir a capital do país para o interior. No Império, o patriarca da Independência, José Bonifácio, defendia a mudança.

Na República, a ideia ganhou força. Entrou na Constituição de 1891, que determinava a reserva de uma área de 14.400km² para abrigar a nova capital. Estava dado o primeiro passo para a construção de Brasília.

Mãos à obra. Em 1892, o presidente Floriano Peixoto criou a Missão Cruls, que estabeleceu a localização da nova capital. Durante 7 meses, 22 pessoas percorreram 14.000km, demarcaram a área e registraram dados sobre a fauna, a flora e os hábitos dos moradores do sertão brasileiro.

O quadrilátero onde seria construída a nova capital estava definido. Mas a obra demorou. Em 1956, viva! O presidente Juscelino Kubitschek, mais conhecido por JK, concretizou o sonho. Em 42 meses, a capital se despediu do Rio de Janeiro e veio pro Planalto Central.

céu

28 / Maravilhas de Brasília

*"O céu é o mar de Brasília."*

Lucio Costa

O céu, lá no alto, viu a movimentação no Planalto Central. Prestou atenção ao que falavam os pássaros que comentavam a novidade. Achou a notícia legal. E quis receber o novo morador com roupa de gala. Limpou toda a superfície e vestiu o manto mais bonito da abóbada celeste.

Enfeitou-o de estrelas, que, orgulhosas, tomaram uma decisão.

Queriam ter o brilho mais esfuziante do planeta. Como? Poliram umas às outras. Ficaram faiscantes. O diamante Cullinan, o mais brilhante da Terra, soube da história e ficou pra lá de curioso.

Sem resistir à tentação, ele, que enfeita a coroa real inglesa, pediu licença à rainha para dar um pulinho no Planalto Central. Ao chegar, olhou pro alto, viu o show estelar e bateu palmas. Muitas palmas. Tantas palmas que o som ecoa até hoje.

A Lua entrou no espetáculo. Ficou tão grande e tão perto da terra que todos têm uma certeza. Basta estender a mão e tocá-la. Nas noites de Lua cheia, ela flutua no céu, ilumina o cerrado e banha de prata gente, bichos, plantas, águas e prédios.

O Sol não deixou por menos. Além de esbanjar luz e calor durante o dia, reservou um espetáculo à parte para os meses de julho e agosto. Quando a terra fica seca, mas seca de não mais poder, explode no céu um vermelhão com mil tons.

Dizem que nem os pintores mais premiados do mundo conseguem rivalizar com a obra de arte celeste. O nascer e o pôr do sol na capital dos brasileiros atrai turistas e encanta moradores. É um espetáculo de cores.

Muitos se perguntam a que se deve tal privilégio. Por que esse pedacinho do Brasil tem um céu que parece uma joia no estojo de veludo? Apolo e Ártemis ouviram a questão.

O deus do Sol e a deusa da Lua responderam baixinho. É a combinação de altitude, seca e ausência de poluição. Os cristais sorriram. Quietinhos no subsolo, refletem o brilho lá pro alto.

### DEUS SOL E DEUSA LUA

Apolo e Ártemis são gêmeos. Mas têm temperamento bem diferente. Ele gosta do dia. Ela, da noite. Ele adora luz, música, poesia e menina bonita. Ela prefere escurinho, banhos no rio e a companhia de animais. Ele viaja pra lugares frios e leva junto sol e calor. Ela fica nos bosques pra caçar na companhia do gigante Órion. Irmão e irmã se completam. Ele, solar, virou o deus do Sol. Ela, lunar, se tornou a deusa da Lua.

Governo do Distrito Federal/Bento Viana (Domínio público)

# Plano

*"Um telefone é muito pouco
Pra quem ama como louco
E mora no Plano Piloto."*

Renato Matos

Terreno pronto, era hora de construir a casa. Todos estavam curiosos. Como seria a capital do Brasil? Mas também estavam preocupados. A obra saberia valorizar o cerrado? No quadradinho dentro do estado de Goiás, o olhar se perde lá longe, onde o horizonte mistura céu e terra.

Aves, peixes, répteis e mamíferos se reuniram em assembleia. Decidiram eleger dona Coruja para acompanhar os acontecimentos. Ela é poderosa. Olha pra frente e pra trás e consegue enxergar na escuridão. Vê o que os outros não veem. Observadora e inteligente, anda sempre com Atena, a deusa da sabedoria.

## A DEUSA DA SABEDORIA

Atena nasceu adulta. Veio ao mundo armada, de capacete e acompanhada de uma coruja. Ao ver a luz do dia, soltou um grito de guerra. Daquele momento em diante, tornou-se a deusa dos combates. Lutou contra gigantes e grandes guerreiros. Venceu todas as batalhas.

Por quê? Grande estrategista, ela é muito, muito sabida. Todos a chamam de deusa da sabedoria. E a coruja, seu animal favorito, virou símbolo da sabedoria. Por isso, toda faculdade de Filosofia aparece com uma corujinha. É que *filosofia* quer dizer amigo da sabedoria.

Dona Coruja trouxe notícias. Disse que jornais, rádios e tevês só falam no assunto. Deputados e senadores debatem a novidade. O presidente JK dá entrevistas. Professores e alunos discutem o tema em sala de aula. Em casa, os filhos explicam aos pais o que aprendem na escola.

Boa repórter, a soberana da noite continuou:

– Foi aberto concurso público para escolher o Plano Piloto da cidade. Vinte e seis urbanistas concorreram. Lucio Costa venceu. É muito bom pra nós. Ele vai respeitar a topografia horizontal do Planalto Central e se guiar pelo lago Paranoá.

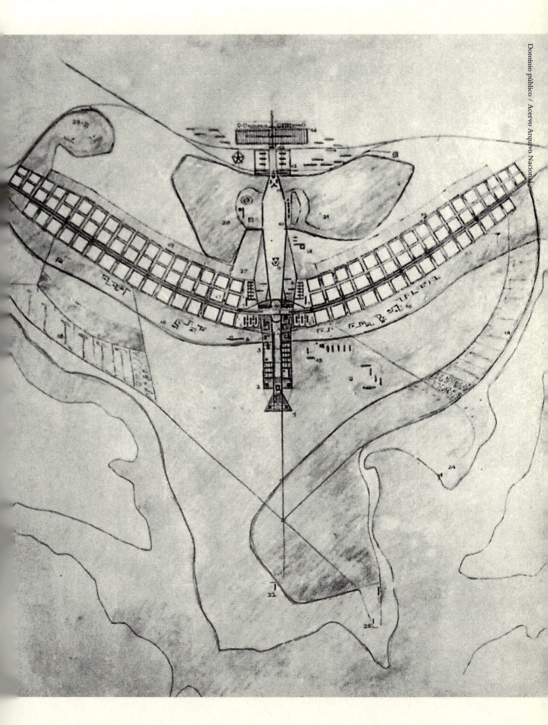

A bicharada, as plantas, as águas e o céu vibraram. Mas faltava o mais importante. A cidade é feita para as pessoas. São elas que dão vida a prédios, ruas, praças e palácios. Como será a capital dos brasileiros? Perguntam pra Lucio Costa. O arquiteto respondeu:

– A cidade vai ter a cara do Brasil.

– Que cara? – indagou o macaco curioso.

O urbanista lembrou-se de Jano. O deus da mitologia romana tem duas caras. Uma olha pra trás. Observa o passado, aprende a lição da experiência e fecha a porta do ciclo que se encerra. A outra olha pra frente. Imagina o futuro. Traça planos e define metas.

O que Jano vê na retaguarda? Vê o Brasil que os brasileiros não querem mais. Em 1956, o país era pobre e atrasado. A maioria da população vivia no campo, sem escola, sem médico, sem eletricidade, sem chuveiro, sem água encanada. Nem geladeira tinha.

Ao olhar adiante, o deus sorriu. Como num filme, viu o sonho de adultos e crianças. Eles queriam progresso e desenvolvimento. Muito estava por fazer: construir estradas, portos, aeroportos, escolas, hospitais, museus, indústrias, hidrelétricas. Também ocupar o interior, povoar os sertões e integrar a Amazônia.

Eureca! Lucio Costa desenhou uma cruz. Duas linhas se cruzaram. Uma vertical, de leste a oeste. A outra horizontal, de norte a sul. Aí, pegou baldes e

baldes de Lego e começou a montar as peças. Era um quebra-cabeças divertido. Arqueou duas extremidades. Ops! A cruz virou um avião.

Nas asas morariam as pessoas – de um jeito diferente, em superquadras com blocos de seis ou três andares, pilotis, áreas verdes e comércio. Cada quatro superquadras formariam uma unidade de vizinhança.

> **DESCER E SUBIR**
>
> Taí um verbo que o brasiliense aprende cedo: "Hoje você está de castigo. Não vai descer." E o amiguinho lá embaixo, no gramado, se esgoelando: "Desce. Desce logo." É por isso que os blocos das superquadras têm, no máximo, seis andares. Para que a mãe possa gritar lá de cima: "Sobe. Agora! Tá na hora do almoço.", e o filho ouvir. A magia das superquadras invadindo infâncias, tardes e manhãs.
> (Nicolas Behr)

Destinou espaços para parquinhos, escolas, clubes, bibliotecas, cinemas, hospitais, igrejas, restaurantes, padarias, farmácias e supermercados. Tudo pertinho para os moradores se encontrarem. Tudo espaçoso para eles circularem. Tudo aberto, sem cercas e muros, para o ir e vir ser livre e democrático.

As avenidas receberam o nome de eixos. Elas são planas, retas e largas. Cortam o plano de norte a sul. A do centro, a maior de todas, se chama Eixo Rodoviário. Mas os moradores lhe deram um apelido curtinho. É Eixão. Os dois eixos laterais, o Eixo Norte e o Eixo Sul, por serem menos largos, são chamados de Eixinhos.

Não há esquinas nem cruzamentos. Divertidas passagens de níveis os substituem. A gente entra à direita e sai à esquerda. Ou entra à esquerda e sai à direita. Os brasilienses as chamam de tesourinhas. Também não há nomes. Endereços se identificam por letras e números. É muito fácil situar-se.

### ENDEREÇOS

Brasília é uma sopa de letrinhas e números. SQ significa superquadra. Pode ser sul ou norte. As quadras do Plano Piloto são 16, que determinam o final da numeração, e os números 1 a 9 marcam seu início. SQS 308 é Superquadra Sul 308. SQN 308 é Superquadra Norte 308. SB é setor bancário. SBS é Setor Bancário Sul. SBN, Setor Bancário Norte. Mistério? Não. Basta entender a festa das siglas.

# EIXO MONU

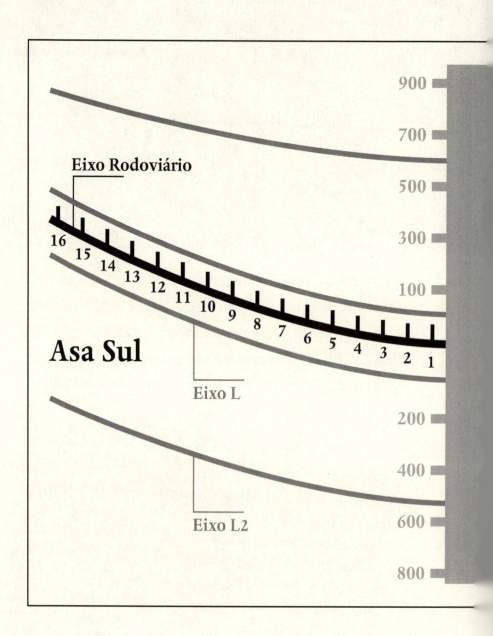

# MENTAL

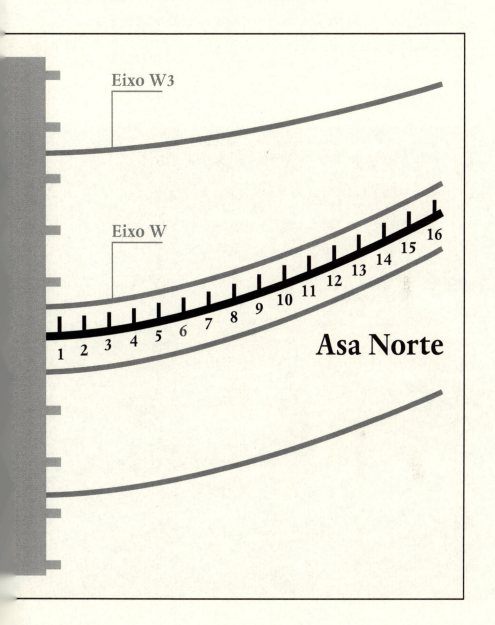

No corpo do avião, Lucio Costa construiu o local de trabalho do governo. Chamou-o de Eixo Monumental. E põe monumental nisso! É a avenida mais longa do mundo, com 16km de comprimento e 12 faixas, 6 de cada lado e um senhor jardim no meio.

Montou a Praça dos Três Poderes, os ministérios, palácios, a catedral, o teatro, os museus, a torre de televisão. A obra deixa todo mundo boquiaberto. A grandiosidade diferencia Brasília de qualquer outra cidade. Com razão. Só ela é a capital do Brasil.

É o cartão-postal do maior país da América do Sul, que tem a maior reserva de água doce do mundo, a maior floresta tropical do planeta e o mais importante: um povo miscigenado, acolhedor, moderno e consciente do seu valor.

No meio da cruz, ficou a rodoviária. Ela divide o norte e o sul, o leste e o oeste. Dos dois lados, pertinho, montou os prédios mais altos. O inventor precisou de montanhas de Lego pra construir o setor bancário, o setor comercial, o setor de diversões, o setor hoteleiro.

Tudo montado, olhou de longe. Bateu palmas. Sentiu prazer e orgulho. Convocou Jano pra ver a obra. A divindade sorriu com as duas caras. A cidade inventada parecia irreal, um sonho.

Era bem organizada, com avenidas largas, dois eixos, muitos gramados e jardins espaçosos. Tinha um grande lago com barragem. Assim, pronta, dava a impressão de um avião alçando voo. O Brasil alçava voo para o futuro.

### PAPEL DE BRASÍLIA

O Brasil se desenvolveu na costa, ladeando o mar. Por isso os brasileiros eram chamados de caranguejos. Era preciso integrar o centro-oeste e o norte. Brasília cumpriu essa missão. JK, quando era candidato a presidente da República, a incluiu no programa de governo.

Ele queria desenvolver o Brasil com rapidez: "50 anos em 5", dizia o slogan de campanha. Cumpriu a promessa. Com a transferência, abriram-se estradas, a população se distribuiu, o Brasil tomou posse de todo seu território. O centro-oeste virou o celeiro do país e do mundo.

# mentos

## Do Lego
## ao concreto

*"Brasília é um museu a céu aberto."*

Oscar Niemeyer

E agora? Quem vai transformar os prédios de Lego em prédios de tijolos, cimento, concreto, cal e tinta? Dona Coruja, que tudo vê e tudo sabe, olhou pro grupo, mexeu os olhos com cumplicidade e respondeu com entusiasmo:

– É Oscar Niemeyer. Ele foi aluno de Lucio Costa. Já estudou o Plano Piloto e entendeu as escalas que o mestre definiu. O poder ficou no Eixo Monumental, os moradores, nas superquadras, as atividades comuns, nos setores de diversão, bancário, comercial. Em todos, áreas verdes, plantas e flores farão a festa.

– Viva! – comemorou o joão-de-barro. – O Oscar vai fazer bonito no nosso cerrado. A obra dele é mágica. O concreto pesado fica leve como pluma. Lembra a curva das montanhas, do curso dos rios, das ondas do mar, das nuvens do céu.

Por causa da profissão, o construtor de ninhos acompanhava o trabalho dos mestres da arquitetura. Admirava tanto Niemeyer que quis ver ao vivo uma criação do gênio modernista. Bateu asas e foi a Belo Horizonte.

Na capital dos mineiros, visitou o Conjunto da Pampulha. Os prédios, simples e leves, parecem flutuar no ar. Arcos, linhas e curvas ocupam o espaço vazio. Muito verde. Admirou o museu, rezou na igreja, comeu no clube. Depois, mergulhou na lagoa. Piou alto de tanto prazer.

Niemeyer dizia que construía para os pobres. "Como assim?", perguntavam os amigos. Oscar explicava que as pessoas mais simples não tinham tempo de visitar museus. Então, a cidade seria um museu a céu aberto. Os prédios não seriam prédios. Seriam esculturas.

## Palácio da Alvorada

O arquiteto escultor foi até o lago. Lá, pediu às margens plácidas do Paranoá licença pra construir a residência do presidente da República. Elas fizeram ondinhas de alegria. Ao ver a obra, JK a batizou de Palácio da Alvorada. E explicou: "Que é Brasília senão a alvorada de um novo dia para o Brasil?" As colunas de mármore se tornaram o símbolo e o emblema da capital. Estão no brasão do Distrito Federal. *As Banhistas*, de Alfredo Ceschiatti, flutuam, orgulhosas, no espelho d'água.

# Praça dos Três Poderes

Para reverenciar a democracia, Lucio Costa traçou um enorme triângulo equilátero. Em cada vértice pôs um poder da República. São três e cada um tem uma função diferente. O Legislativo faz as leis. O Executivo as põe em prática. O Judiciário julga se tudo foi feito direitinho.

Eles formam o tripé da democracia. Convivem com independência e harmonia. Um não interfere no papel do outro. Por isso o urbanista os colocou na mesma praça, mas com distância igual entre os edifícios.

De um lado, o Supremo Tribunal Federal. Lá trabalham os ministros que dão a palavra final da Justiça. De outro, o Palácio do Planalto, onde despacha o presidente da República. No centro, o Congresso Nacional, casa de deputados e senadores.

## DEMOCRACIA

Há muitos e muitos anos, nasceram duas crianças. Uma recebeu o nome de Demo. A outra se chamou Cracia. Ambas eram gregas. Na língua delas, os dois nomes têm um significado. Demo quer dizer povo. Cracia, governo.

Um dia, Demo encontrou Cracia. Eles sorriram um para o outro. Conversaram. Paqueraram. E não deu outra. Casaram-se. Juntos, viraram o casal Democracia.

Eles tiveram muitos filhos. Os filhos lhes deram um montão de netos. Os netos os presentearam com uma infinidade de bisnetos. A família ficou enorme. Quando todos estavam reunidos, podiam encher uma catedral.

O clã tinha um jeito especial de viver. Em casa, ninguém brigava. Os sabidos faziam eleição para tudo. A sobremesa seria pudim ou sorvete? Todos votavam. Ganhava a maioria. A meninada ia à piscina ou ao parque? O voto decidia.

A moda pegou. Muitos países copiaram o exemplo. Se alguém quer ser senador, deputado, vereador, prefeito, governador ou presidente, tem de participar de eleição. O povo vota. Ganha quem tiver a preferência de mais gente. É a democracia – o governo do povão. Viva!

Toninho Tavares/Agência Brasília (CC BY 2.0)

# Congresso Nacional

Vamos combinar? O Congresso é a voz da nação. Tem de sobressair. Com 28 andares, é o prédio mais alto de Brasília. Duas torres ligadas no meio se transformam num H. Um show! A majestade da construção deixa clara a importância do Legislativo.

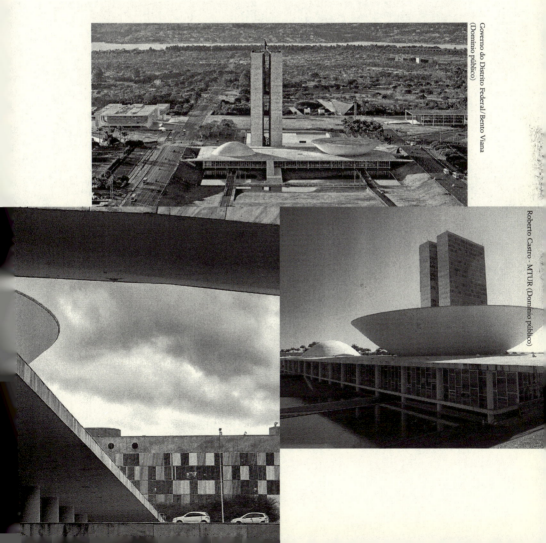

Duas conchas, que alguns chamam de prato, outros de bacia, outros de lua cheia, formam a estrutura do parlamento. A Câmara dos Deputados ficou com o pedaço maior. A concha aparece virada para cima. Sabe por quê? Porque os deputados representam a vontade do povo. O poder vem de baixo para cima.

A do Senado é voltada para baixo. Ela exprime a vontade do Estado: o poder que vem de cima para baixo. Os 81 senadores representam os 26 estados e o Distrito Federal – cada um elege 3.

# Palácio do Itamaraty

A elegância e a majestade do Congresso pedem um vizinho à altura. E ele veio. A sede do Ministério das Relações Exteriores parece um palácio de cristal. Lindo por fora e por dentro, recebe reis, rainhas, presidentes e xeiques árabes.

Muitos o consideram a obra-prima da arquitetura contemporânea – com arcos que se refletem num espelho d'água onde há ilhas de plantas tropicais, jardins externos de Burle Marx e, na entrada, a escultura *Meteoro*, de Bruno Giorgi.

## METEORO

O *Meteoro* foi presente do governo italiano para o Brasil. A escultura, de oito toneladas de mármore de Carrara, representa o planeta Terra com os cinco continentes, cujas relações pacíficas e justas são a base da diplomacia.

# Palácio da Justiça

Como competir com a beleza do Itamaraty? O Palácio da Justiça se esforçou. Arcos compõem a fachada da frente e dos fundos. Jardins, passarelas e vidros fartos se exibem sem cerimônia. Das lajes de concreto, caem cascatas no espelho d'água. Muitos dizem que são lágrimas. Ele chora de inveja do Itamaraty, que está ali, bem na frente.

# Esplanada dos Ministérios

A fileira de prédios de linhas retas, elegantes e harmoniosas sugerem peças de dominó cuidadosamente arrumadas. Talvez casinhas de caixas de fósforos. Um conjunto de 17 edifícios compõe a Esplanada dos Ministérios, distribuídos dos dois lados do Eixo Monumental. Um grande gramado os separa.

Roberto Castro/Mtur (Domínio público)

Governo do Distrito Federal/Bento Viana (Domínio público)

# Catedral

Quer um prédio cheio de magia? É a Catedral. Ela pode ser apreciada de frente, de trás, da direita ou da esquerda. É sempre igual porque tem a forma circular sem fachada principal. As 16 colunas surgem de um espelho d'água e se unem como se um anel as comprimisse. Simbolizam mãos em prece na direção do céu. Como entrar? Quatro evangelistas dão pista do acesso.

A entrada, escura e sem graça, é escondidinha no subterrâneo. Ao atravessá-la, surpresa! O visitante tem a impressão de estar no paraíso. Vitrais de Marianne Peretti formam as paredes. Anjos de Alfredo Ceschiatti flutuam no alto. Se você encostar o ouvido em uma das paredes côncavas e falar baixiiiiiiiiiiiiinho, a pessoa do outro lado da extremidade escuta. Deus também.

## OS QUATRO EVANGELISTAS

Esculpidos por Alfredo Ceschiatti e Dante Croce, os evangelistas de bronze têm 3m de altura. Mateus, Marcos e Lucas ficam à esquerda de quem entra. João à direita. Por quê? Alguns dizem que a razão é religiosa. O trio conta a mesma história – a vida de Jesus – de um jeito muito parecido. João muda a forma de narrar. Outros dão outra versão. Afirmam que se trata de capricho de Niemeyer. Ele tinha preferência por João. Jesus também.

# Complexo Cultural da República

A Biblioteca Nacional e o Museu Nacional compõem o complexo Cultural da República. Como tudo em Brasília, o conjunto surpreende. A Biblioteca, simples e reta, contrasta com a cúpula de quase 90m de diâmetro do museu e altura que chega a 28m. Uma rampa, que sai de dentro da cúpula, rodeia o prédio. É um espanto atrás do outro. Nos fins de tarde, skatistas fazem malabarismos por lá. Dão show.

# Torre de TV

Lucio Costa nasceu em Paris. A capital francesa tem a Torre Eiffel. Ele projetou a Torre de Televisão parecida com a irmãzinha europeia. Com 225m de altura, é a quarta mais alta do mundo. Quem sobe ao andar de cima vê direitinho o avião do Plano Piloto.

## Ermida Dom Bosco

Imagine uma pequena pirâmide com base triangular revestida de mármore branco. Lá do alto, na passagem da latitude 15 assinalada no sonho de Dom Bosco, em uma elevação às margens do lago Paranoá, ela olha pra cidade. E a abençoa.

## Santuário Dom Bosco

Quer uma igreja só de vitrais que refletem 12 tonalidades de azul? Pois ela existe. É o Santuário Dom Bosco. Ao entrar, a pessoa tem uma certeza: chegou ao céu.

# Ponte JK

Sabia? A ponte mais bonita do mundo está em Brasília. É de tirar o ar. Foi inaugurada em 2002 e em 2003 ganhou o título. Tem três arcos assimétricos que lembram o movimento de uma pedra quicando sobre a água. Como camaleão, muda de aparência quando o carro se movimenta. É cartão-postal da cidade.

Gabriel Jabur/Agência Brasília (CC BY 2.0)

*Paisa*

Nilson Carvalho/Agência Brasília (CC BY 2.0)

# gismo e arte

*"Um jardim se faz de luz e sons – as plantas são coadjuvantes."*

Roberto Burle Marx

Os beija-flores estavam alvoroçados. Bandos que voavam de flor em flor pararam no ar. Queriam ouvir as notícias do papagaio. O louro trouxe a novidade. O paisagista Roberto Burle Marx ia cuidar dos jardins da nova capital do Brasil.

Ele entendia de jardins e de capitais. Morava no Rio. Lá, plantou beleza e espalhou sementes mundo afora. Na Cidade Maravilhosa, construiu o Aterro do Flamengo. Um pedaço do mar virou parque com plantas surpreendentes. Uma delas é a palmeira talipot. Ela floresce uma vez na vida e depois morre.

Pardais, quero-queros, araras, tucanos respiraram sossegados. Burle Marx adorava as plantas brasileiras. A flora do cerrado ia se manter intocada. Os pássaros não precisariam emigrar. Melhor: iam conhecer espécimes da mata atlântica e da Amazônia. Hummmmmm! Que luxo!

## BURITI

A bela palmeira, que alcança 35m de altura, morava na Amazônia. Recebeu convite para viver em Brasília. Aceitou. Fincou raízes no lugar onde ficaria a sede do governo local. Valeu a pena. Hoje dá nome ao Palácio do Buriti.

Caliandras, carobinhas, bromélias, joão-bobo, flor-do-céu, gritadeira, boca-de-leão, chuveirinhos, orquídeas, palmeiras, filodendros viraram vedetes dos jardins, das praças, da orla do lago Paranoá.

Burle Marx fez dobradinha com Athos Bulcão. O senhor dos azulejos, velho conhecido da época da Pampulha, entrou no time dos mestres que tornaram Brasília uma cidade-jardim com um museu a céu aberto. Quem vai ao trabalho, à escola ou dá uma voltinha à toa se surpreende com os desenhos que realçam o concreto.

O Teatro Nacional não seria o Teatro Nacional sem os relevos que revestem as paredes do edifício. E o magnífico salão do Itamaraty não seria o que é sem suas treliças coloridas. Por onde se passa, lá está Burle Marx – na Igrejinha, no Teatro Nacional, na Câmara dos Deputados, no Brasília Palace Hotel, na SQS 308, no Parque da Cidade. É só olhar.

# Teatro Nacional

Imagine um tronco de pirâmide no meio do Eixo Monumental pertinho da rodoviária. É o Teatro Nacional. Duas paredes são revestidas de cubos em alto-relevo, obra do artista plástico Athos Bulcão. As outras duas são de vidro com vigas de concreto.

De vez em quando, altas horas da noite, com o prédio vazio, o piano toca. Como pode? Uns dizem que é obra de fantasma. Outros juram que é um gato que, ao ver as teclas dando sopa, dá uma passeadinha sobre elas. Será? É um mistério.

Roberto Castro - MTUR (Domínio público)   Roberto Castro - MTUR (Domínio público)

## Igrejinha

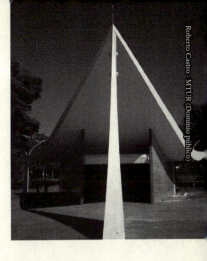

Dona Sarah, mulher do presidente JK, era muito religiosa. Quando a filha Márcia ficou doente, ela fez uma promessa. Construiria uma igreja se a garota recuperasse a saúde. Niemeyer projetou uma pequenina, com poucos lugares. Parece um chapéu de freira enfeitado com azulejos de Athos Bulcão.

A pomba invertida neles pintada tornou-se um dos símbolos de Brasília. Desde que nasceu, a Igreja Nossa Senhora de Fátima é carinhosamente chamada de Igrejinha. Quer tirar uma foto com a cara de Brasília? Esse é o lugar. Click!

## Memorial JK

É sóbrio, sem janelas. Tem a forma de uma pirâmide cortada, revestida de mármore branco, com painéis de Athos Bulcão e vitrais de Marianne Peretti. No alto, a estátua do presidente JK parece contemplar a capital. É quase um museu de lembranças do construtor de Brasília. É, também, seu túmulo.

# O bra
# brasi

Gabriel Jabur/Agência Brasília (CC BY 2.0)

*"O melhor de Brasília são as pessoas."*

Dito popular

São Paulo é a capital dos paulistas. O Rio, dos fluminenses. Goiânia, dos goianos. Belém, dos paraenses. Porto Alegre, dos gaúchos. Recife, dos pernambucanos. E Brasília? Brasília é a capital dos brasileiros.

O cerrado acolheu a nova capital de coração aberto. No começo, era uma utopia. Depois, virou um projeto. Por fim, uma obra. Brasileiros de todos os estados colaboraram na construção da Capital da Esperança. A maior parte deles eram nordestinos. Cheios de entusiasmo, apostavam numa vida melhor.

Sozinhos ou com a família, chegavam de pau de arara, todos muito cansados. Encontravam poeira, lama, bichos soltos. Onde descansar? Não havia pousada, hotel, casa de amigos. Nada. Improvisaram tendas e barracos. Cantadores compuseram quadras:

*Chegava toda semana*
*Gente pra trabalhar*
*Serviço tinha pra tudo*
*Só não tinha onde morar.*

Eles deram duro. Moraram em acampamentos de madeira. A maior parte ficava na Cidade Livre, hoje Núcleo Bandeirante. As dificuldades e os sacrifícios eram muitos, mas bem menores do que a vontade de vencer, de ir adiante, de ver pronta a cidade dos sonhos que mudou o destino do Brasil.

Roberto Castro - MTUR (Domínio público)

Roberto Castro-MTUR (Domínio público)

### CATETINHO

O presidente JK vinha ao Planalto Central, mas não tinha onde ficar. Voltava para o Rio no mesmo dia. Os amigos fizeram uma vaquinha, escolheram um lugar perto de uma nascente e construíram um palácio de tábuas. Chamaram-no de Catetinho. O nome carinhoso foi inspirado no Palácio do Catete, residência presidencial que ficava no Rio. Uma noite, amigos se reuniram para uma seresta, paixão do dono da casa. Que tal um uisquinho? Bebida havia. Mas faltava gelo. De repente, ops! Caiu uma chuva de granizo que espalhou gelo pra dar, vender e emprestar.

Engenheiros como Bernardo Sayão e Israel Pinheiro também enfrentaram poeira, bichos, lama e cansaço pra construir a capital. Há quem diga que o lobo-guará, de vez em quando, aparecia para espiar a turma. O médico Ernesto Silva chegou antes de todo mundo. Por isso era chamado de Pioneiro do Antes. Ele era pau pra toda obra, da educação à saúde. O trio até ganhou uns versinhos:

*O açúcar e o mel*
*São filhos do Israel.*
*A carne e o pão*
*São filhos do Sayão.*
*E o resto?*
*É do Ernesto.*

Estradas, avenidas, edifícios foram nascendo da terra vermelha. Tudo muito rápido porque o presidente tinha pressa. Três anos e meio pra construir superquadras, prédios administrativos, palácios, igrejas, farmácias, supermercados, escolas, parques, hotéis, postos de gasolina. Ufa!

E não é que deu certo? A capital foi inaugurada em 21 de abril de 1960. Um festão, com convidados, fogos de artifício e tudo. Ainda havia muito a fazer. Até hoje há. Mas, mesmo em construção, a Unesco reconheceu Brasília como Patrimônio da Humanidade.

Foi a primeira cidade moderna do mundo a ganhar o título. As outras receberam a láurea pelo que foram no passado. A capital dos brasileiros, pelo que seria no futuro. Viva!

As famílias vindas de outros lugares ficaram em Brasília. Algumas no Plano Piloto. Outras nas cidades do Distrito Federal. Chamaram parentes e amigos. Os filhos cresceram, se casaram, tiveram filhos, que lhes deram netos, bisnetos.

Os falares se misturaram. Eles se identificaram tanto com o novo lar que mudaram a pronúncia. Hoje têm o sotaque de Brasília – a mistura de todos os sotaques deste Brasilzão.

Os candangos – assim eram chamados – ganharam uma homenagem. A escultura *Os guerreiros*, de Bruno Giorgi, que se encontra na Praça dos Três Poderes, mudou de nome. Virou *Os candangos*.

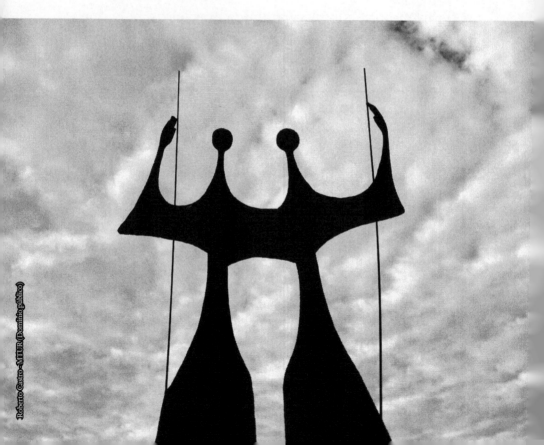

## CANDANGOS

O operário que trabalhava na construção de Brasília se chamava candango. A designação era pejorativa. O dicionário explica que a palavra nasceu na África. Era como os escravos se referiam aos portugueses que traficavam pessoas – gente ruim, ordinária, perversa. No começo, candangos eram os nordestinos, a maior parte da mão de obra braçal. Depois passou a denominar os pioneiros que chegaram nos primórdios da capital. Por fim, se tornou sinônimo de brasiliense. Com muito orgulho sim, senhor.

A população da nossa capital tem gente de todos os estados. Eles chegaram e tomaram posse da cidade. Viraram candangos. Sabe por quê? Brasília não tem dono. Tem donos. São os milhões de brasileiros que deixaram a terra onde viviam e ajudaram a construir a cidade no cerrado que acolheu a todos em seu berço esplêndido. Mais tarde, o bioma ganhou uma homenagem – a Torre Digital.

### FLOR DO CERRADO

Ela parece uma flor. Mas flor não é. É a Torre Digital de Brasília. Feita de concreto, tem 182m de altura e está a 1.215m de altitude. Parece mágica. Pode ser vista de qualquer ponto da cidade – de dia, caiada de branco. De noite, vestida de luz. É a última obra de arte de Oscar Niemeyer inaugurada com ele vivo.

Brasília nasceu planejada. Mas, como não é uma ilha sem pai nem mãe, reflete os problemas das grandes cidades nacionais. Tem violência, desemprego, corrupção, segregação social, congestionamento de trânsito, filas em hospitais, transporte público deficitário.

Ela também projeta qualidades que enchem os brasileiros de orgulho. O brasiliense não buzina, respeita a faixa de pedestres, cumprimenta o desconhecido na rua, no elevador, no ônibus ou no metrô. Lê muito, frequenta bibliotecas, zela pelo meio ambiente para manter o ar respirável, as águas limpas e as áreas verdes intocadas.

Manifestantes vestem o Eixo Monumental de verde-amarelo no belo exercício da cidadania. Acampam nos gramados do Congresso Nacional ou na Praça dos Três Poderes pra pressionar as autoridades e reivindicar direitos.

Nos feriados e fins de semana, a cidade se transforma. Brasília deixa de ser o corpo com cabeça, tronco e rodas. Ganha pernas. A população lota parques e ruas. Corredores invadem o asfalto. Ciclistas pedalam em vias exclusivas ou misturados com pedestres que vão e vêm.

O Eixão dos carros vira Eixão do lazer. Gente pequena e gente grande enchem o domingo de cores, vozes e odores. Crianças correm, gritam, jogam bola, puxam carrinhos e passeiam cachorros.

Skatistas se equilibram em voos que desafiam a gravidade.

Cadeirantes circulam, vendedores negociam, artistas se exibem, olhares se encontram. A capital dos brasileiros traz pras ruas seu patrimônio mais precioso – as pessoas. O melhor de Brasília é o brasileiro brasiliense.

# *A autora*

Sou libanesa. Nasci em Beirute e cheguei ao Brasil com 6 anos. Como todo imigrante, somos penetras no país que nos recebe. "De que cidade você é?", me perguntavam com frequência. Respondia qualquer coisa: Rio, São Paulo, Porto Alegre, onde havia morado.

Quando cheguei a Brasília em 1968, chovia. Os chineses dizem que é sinal de sorte. Acertaram. Ao atravessar o Eixão rumo ao hotel, olhei lá longe. O horizonte sem fim me deu a certeza: quem tem esse infinito à frente não pode ter limites, é capaz de concretizar os sonhos mais grandiosos.

Fui recebida de braços abertos pela UnB, pelas oportunidades de trabalho, por todos que encontrava. "Brasília é uma cidade sem dono", pensei. "Diferente das quatrocentonas pelas quais havia passado." Aqui todos se sentem proprietários da capital que ajudaram a construir.

Me casei, tive um filho, que me deu dois netos. Finquei raízes neste planalto de cujas sete maravilhas – o cerrado, as águas, o céu, o Plano Piloto, os monumentos, o paisagismo e o povo – uma sobressai: o brasiliense. Aqui deixei de ser penetra. Ganhei o título de cidadã honorária de Brasília.